跟着淘学企鹅去运动

冰壶

王石安 主编 心阅文化 编绘

黑龙江少年儿童出版社

图书在版编目（CIP）数据

冰壶 / 心阅文化编绘 . -- 哈尔滨 : 黑龙江少年儿童出版社，2025.1.--（跟着淘学企鹅去运动 / 王石安主编）. -- ISBN　978-7-5319-8839-7

Ⅰ.G862.6-49

中国国家版本馆 CIP 数据核字第 2024NF7574 号

跟着淘学企鹅去运动　冰壶
GENZHE TAOXUE QI'E QU YUNDONG　BINGHU

王石安◎主编　　心阅文化◎编绘

出 版 人：薛方闻
总 策 划：顾吉霞　张志铭
责任编辑：张靖雯
特约顾问：穆　亮
授权合作：哈尔滨极地公园
责任印制：李　妍　王　刚
整体设计：武汉·空间设计中心
封面设计：袁　芳
出　　版：黑龙江少年儿童出版社
地　　址：哈尔滨市南岗区宣庆小区 8 号楼
邮　　编：150090
电　　话：0451-82314647
网　　址：www.lsbook.com.cn
发　　行：全国新华书店
印　　装：湖北恒泰印务有限公司
开　　本：787 mm×1092 mm　1/12
印　　张：4
字　　数：40 千
版　　次：2025 年 1 月第 1 版
印　　次：2025 年 1 月第 1 次印刷
书　　号：ISBN 978-7-5319-8839-7
定　　价：48.00 元

淘学企鹅

爱冒险，成为动物世界与人类世界沟通的代表后，借助龙爷爷的宝物领略到了冰雪运动的魅力。

东北虎"阿力"

爱好锻炼，可以很好地掌控力量，在冰壶小队中作为一垒，为团队实施战术打下坚实的基础。

龙爷爷

第一位动物世界与人类世界沟通的代表，学识渊博。

红松鼠"白伶"

来自苏格兰的红松鼠。作为冰壶小队的队长，在后方细心观察局势调整战术，凝聚团队力量。

小浣熊"冰舵"

动物界最聪明的动物之一，在赛场上总能以出色的谋略提供完美战术。

雪橇犬"巴克尔"

具有敏锐的嗅觉和优秀的导向性。聪明且忠诚，经常帮助人类运送物资。

　　在历经几次挑战后，淘学企鹅追随着神秘法宝游戏机，踏入冰壶运动的世界。他与伙伴们精诚合作，迅速掌握了冰壶运动的精髓，还成功完成了龙爷爷设下的重重挑战。淘学企鹅带着这份来之不易的成就与自信满载而归，举办动物世界冰雪运动会。在运动会落幕之际，他满怀激情地向大家发出邀请，前往亚洲冬季运动会，共同见证冰雪运动的无限魅力与风采。

一个晴朗的下午，雪橇犬"巴克尔"拉着淘学企鹅、东北虎"阿力"和红松鼠"白伶"，欢快地在雪地中前行。淘学企鹅兴奋地向伙伴们讲述冰球比赛的经历："赢得比赛的那一刻，全场观众都在为我们欢呼，热烈的氛围真让人心潮澎湃！"

冰上国际象棋

大家来到淘学企鹅家中，桌上的游戏机正在闪闪发光，"冰上国际象棋"几个字出现在屏幕上，吸引着大家的目光——看来龙爷爷的宝物又开始发挥作用了。

小朋友，猜猜这是哪项冰雪运动呢？

"这是龙爷爷给我的终极宝物，我们一定能通过它找到答案，但是我不知道该怎样使用它。"说着，淘学企鹅拿起游戏机，按下了最右侧的开始按钮。游戏机屏幕上随之播放了一段动画……

4

小朋友，游戏机播放的是冰壶运动的发展历程。你猜对了吗？

冰壶运动的起源

冰壶运动起源于高寒地区人们冬天玩的一种冰上游戏，最初无固定场地、器材和规则。那时人们拿着石头顺着已经冻实的冰面向前投掷，看着它旋转前行并聆听石头与冰面撞击的声音。

突然，游戏机发出一阵光，淘学企鹅和小伙伴们一起进入游戏机中的世界，在那里他们将学习有关冰壶的知识。

眨眼间，小动物们出现在游戏机播放的界面中，一只白鹅缓缓地从远处走来……

这里不就是刚才游戏机屏幕中出现的神秘地方吗？难道我们现在在这台游戏机里？

不知道这次又有什么奇妙的经历呢？

大家好，我是你们的向导灵灵。相信大家通过动画已经对冰壶运动有了一些了解，接下来的挑战里蕴藏着龙爷爷对你们的考验！

冰壶运动的别称

冰壶运动不仅需要精湛的投掷技术，还需要周密的战术布局和策略。冰壶运动与象棋游戏有许多相似之处，两者都有控制中心的概念、防御和进攻的策略，以及捉双和双打等相似的战术。因此，冰壶运动有时被形象地称为"冰上国际象棋"。

既然我们在冰壶运动的游戏中，那么挑战一定是和冰壶运动相关吧？

藏满宝藏的神秘岛

模拟训练场

没错，大家的终极挑战就是赢得冰壶比赛，但在此之前，需要先通过两个关卡才能去迎接最后的挑战。现在给大家展示这三个相关的场地。

激动人心的冰壶比赛

让我们跟随淘学企鹅和他的朋友们依次进入这三个场地，开启冒险之旅吧！

藏满宝藏的神秘岛

这是我的家乡——苏格兰的艾尔莎·克雷格岛，这里盛产制作冰壶的原材料——花岗石。

冰壶运动中所需要的冰壶和这座小岛有着千丝万缕的关系，现在它被我藏在了岛上，大家仔细观察图片，找出我们需要使用的冰壶吧！

请帮助淘学企鹅和他的朋友们找出冰壶吧！

这可是我最擅长的工作，我一定能找出冰壶！

制作冰壶的百年老店

在苏格兰的古镇莫赫林，有一家专门制作冰壶的百年老店——凯斯冰壶厂。在这里，来自艾尔莎·克雷格岛的花岗岩被打造成比赛用的冰壶。如今，这里制作的冰壶成为世界冰壶联合会所有比赛指定使用的产品。

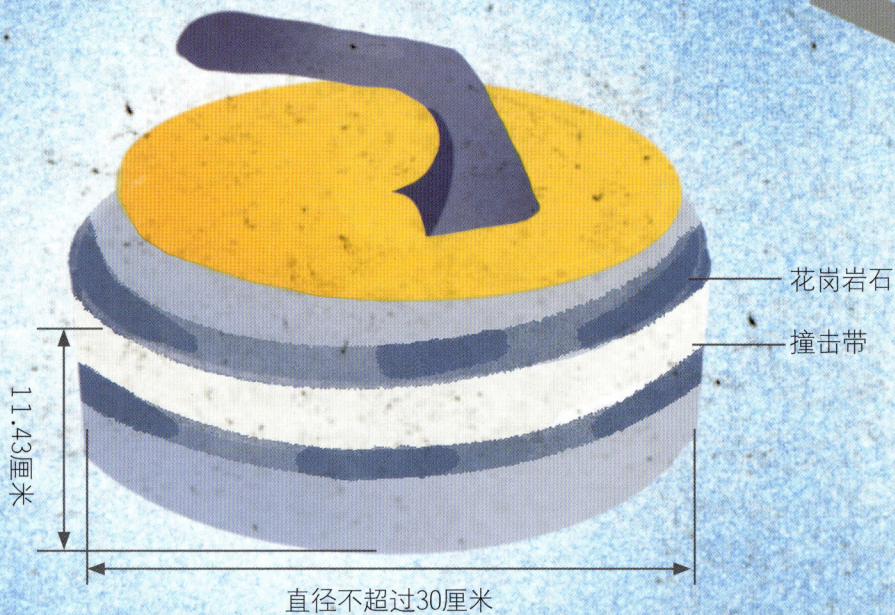

花岗岩石

撞击带

11.43厘米

直径不超过30厘米

合成纤维

冰壶

冰壶由壶体、手柄和螺栓组成，外形为圆壶状，直径不超过 30 厘米，质量近 20 千克。一场冰壶比赛需要 8 只冰壶，比赛中冰壶会因撞击产生磨损，所以要定期更换。

冰刷

冰刷头部多为合成纤维制成。冰刷的主要功能是用来减小冰壶与冰面的摩擦力，帮助运动员控制冰壶运动的方向和距离。

蹬冰鞋：橡胶鞋底

滑行鞋：塑料鞋底

冰壶鞋

冰壶运动员的两只运动鞋功能不同，一只为滑行鞋，另一只为蹬冰鞋，它们使运动员能在滑行与制动间流畅切换。负责滑行功能的运动鞋底部为塑料并有专用滑板，负责蹬冰功能的运动鞋底部为橡胶。

模拟训练场

恭喜大家成功通过第一个关卡，第二关来到了模拟训练场。在这里有来自不同领域的优秀教练，大家能找出真正的冰壶教练吗？

麋鹿：

我们麋鹿一族经常帮助人类在雪地中前行，冰雪运动难不倒我。

小浣熊：

我虽然看起来没有野牛教练强壮，但是我的投掷动作很灵巧。

野牛：

我有力的角一定能把冰壶推得很远。

教练们说得似乎都很有道理，你觉得谁会是真正的冰壶教练呢？

白狐：

别忘了冰壶运动最重要的是谋略，我熟悉许多比赛战术。

小浣熊"冰舵"推门进来："我是大家的冰壶教练。为了更好地应对比赛，我将给大家制订一份训练计划。当然，要想正式上场比赛，还要通过最终考核，在训练过程中我教授的知识大家要牢记。"

在冰舵教练的安排下，大家来到了冰壶运动训练场。

起踏器

底线

区域内冰壶成绩有效

主将

T线

中线

前掷线

边线

刷冰员

前掷线

投球者

T线

底线

起踏器

总长45.72米

起踏线

总宽4.75米

起踏器

原来这就是冰壶比赛的场地，长见识了！

冰壶运动比赛场地为长方形。这一区域可以通过画线标出场地范围，也可以通过在边界上放置隔板标出场地范围。比赛场地赛道应用 100 mm（宽）×100 mm（高）的海绵条围起。赛道内的冰层要有清晰可见的标志线，标志线分为底线、前掷线、中线、T 线等。线宽及颜色根据世界冰壶联合会最新规则要求确定。

冰壶运动可不是随便扔个壶那么简单。想要在赛场上获胜，投壶姿势是重中之重。步法得稳，手法得准，二者缺一不可。只有把这些基本功练得炉火纯青，我们才能离胜利更进一步！

准备姿势　　　　　　　　　　　前推动作　　　　　　后引动作

投壶技巧步骤：

1. 下蹲并端正身体、收拢膝盖，轻伸胳膊将冰壶放在自己的前方。

2. 将冰壶慢慢向前推动，同时微微起身准备投掷冰壶。

3. 脚慢慢移至冰壶后方，身体重心也要从后脚转至前脚，保持好身体平衡。

4. 将冰壶提到身体前方，蹬冰脚伸直，身体前移。

5. 依靠肩膀用力送出冰壶，伸直的肩膀前后摆动的幅度可以调节投掷冰壶的距离。此外，脚的转弯幅度、投掷重心、把控力度等都会影响冰壶前行距离。

后蹬动作　　　　　　　　　　滑行动作

训练场上，冰舵教练向大家介绍道："对于冰壶运动而言，洒点是必不可少的工作，洒完后冰面上会形成一个个麻点，这时冰刷就能发挥非常重要的作用。"

在冰舵教练的指导下，学员们拿着冰刷在冰面上练习刷冰。巴克尔说道："哇，原来冰刷竟然有这么大的作用！用了它之后，冰壶滑得更远了！"

冰面上的麻点

冰壶比赛前，在冰面上洒点的作用是让冰面形成点状麻面，以缩小冰壶壶底与冰面的接触面积，从而减少摩擦。加快冰壶运行速度。

接下来要练习的是冰壶的投掷技巧和战术。

① **打定**

用力将目标壶击出有效区，本壶留在撞击处位置。

② **击打**

用力将目标壶击出有效区，本壶留在得分区内。

③ **打甩**

用力将目标壶击出有效区，本壶旋转到可以进行良好防守或有效得分的位置。

④ **清空**

用力将目标壶击走且本壶连同一起移出有效区。

⑤ **双击**

用力将对方的两个壶同时击出有效区，本壶留在得分区内或连同一起移出得分区。

⑥ **溜壶**

不接触任何壶通过大本营的壶。

⑦ 传击

通过用力击打对方或本方的壶，以传递的形式将目标壶击出有效区。

⑧ 旋击

通过用力击打对方加设保护的目标壶，并击出得分区。

⑨ 多飞

用力将对方的三个或三个以上的壶同时击出得分区。

比赛的时候，我们需要依靠投掷技巧和战术击败对手。

教授完冰壶的投掷技巧和战术后，冰舵教练又卖起了关子："训练了一段时间，大家觉得冰壶运动最重要的能力是什么呢？"白伶回答道："团队协作能力！只有大家配合默契才能获得胜利。"

　　为了更好地提升大家的团队协作能力，冰舵教练让学员们玩起了"两人三足"游戏。

白伶：

作为队长，他承担四垒位置，负责队内战术安排。

在冰舵教练的安排下，四个学员站在场地的不同站位上，并接受团队内部分工。

淘学企鹅：

三垒，根据赛场情况调整组内战术，扩大本队优势。

阿力：

一垒，第一个出场，利用比赛规则进行布局。

巴克尔：

二垒，听从指令进一步对布局进行优化。

冰壶比赛知识

冰壶比赛每队由 4 名队员组成，每名队员有 2 次投掷机会。队员可以利用擦扫冰面等方法进行精妙的团队配合实现战术落实。

冰舵教练又为大家安排了模拟训练，训练的所有规则和得分都是以实际比赛为标准。让我们一起看看冰壶比赛的规则吧！

一垒

二垒

三垒

四垒

比赛规则

一场冰壶比赛有 2 支参赛队，每队含上场队员 4 名，替补队员 1 名，男子、女子比赛每场 10 局，比赛时间为 150 分钟左右。场上每名队员可投掷 2 次，按一垒、二垒、三垒、四垒的顺序交替投壶。两队轮流投掷共 16 次冰壶后，根据分数确定这一局的胜负。男女混合比赛的赛制略有不同，混双项目的一男一女两名队员行使 4 个人的使命，预先放置"定位壶"增加了比赛的难度。

你知道冰壶比赛得分情况是什么样的吗？

红队得1分

黄队得3分

红队得1分
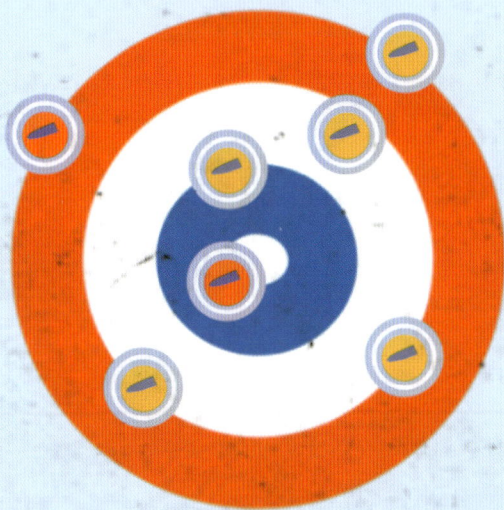

两队均
不得分

得分规则

　　双方按照一垒、二垒、三垒和四垒的顺序进行一对一的对抗比赛，两队共投完 16 个壶为一局，最后一壶投完后，大本营内距中心近的一方得分，一个冰壶可得 1 分，一场比赛分为 10 局，得分多者获胜。

最终考核日终于到了。大家都紧张地
坐在教室里，准备完成这场理论知识考核。

考核日

1. 冰壶运动最早起源于： <u>高寒地区人们冬天玩的一种冰上游戏。</u>

2. 冰壶运动主要的装备有： <u>冰壶、冰壶刷、冰壶鞋。</u>

3. 主力队员包括： <u>一、二、三、四垒队员。</u>

4. 请说出冰壶运动中的几种战术：

（1）打定： <u>用力将目标壶击出有效区，本壶留在撞击处位置。</u>

（2）击打： <u>用力将目标壶击出有效区，本壶留在得分区内。</u>

（3）打甩： <u>用力将目标壶击出有效区，本壶旋转到可以进行良好</u>
<u>防守或有效得分的位置。</u>

（4）清空： <u>用力将目标壶击走且本壶连同一起移出有效区。</u>

（5）双击： <u>用力将对方的两个壶同时击出有效区，本壶留在得分</u>
<u>区内或连同一起移出得分区。</u>

（6）溜壶： <u>不接触任何通过大本营的壶。</u>

（7）传击： <u>通过用力击打对方或本方的壶，以传递的形式将目标</u>
<u>壶击出有效区。</u>

（8）旋击： <u>通过用力击打对方加设保护的目标壶，并击出得分区。</u>

（9）多飞： <u>用力将对方的三个或三个以上的壶同时击出得分区。</u>

5. 请说出下列比赛中命令的含义：

（1）Hurry 或 Hurry Hard：一般是作为战术指导的队员喊出这个命令，意思是让擦冰的运动员快速擦冰。

（2）Whoa：就是我们经常听到的类似"喔喔喔"的声音，意思是让冰壶前方擦冰的运动员停止擦冰。

6. 冰壶被誉为：

_____

7. 冰壶原材料产地：

_____

8. 制作冰壶的百年老店叫作：

_____

9. 冰壶鞋分为：

_____ 和 _____

大家都顺利通过了最终考核。这简直是一场梦幻般的胜利。接下来，让我们继续燃烧斗志，携手并进，拿下比赛！

冰壶比赛的日子很快就到了，参赛运动员身着鲜艳的比赛服，在冰面上推动冰壶，留下一道道优美的弧线。

白伶作为队长，认真向大家布置战术："我们的目标是打乱他们的节奏……"淘学企鹅给大家鼓劲："加油！我们团结一心，一定能通过最后一关！"

最终，在白伶的带领下，淘学企鹅队以三比零的成绩赢得了比赛的胜利！

灵灵从远处跑来，开心地说："恭喜大家，你们真是太棒了！成功地通过了龙爷爷对你们的考验！相信大家一定能够成功地举办赛事。"

回到现实世界后，淘学企鹅立刻开始了赛事的筹备。他作为总负责人指导小动物们布置场地，许多动物朋友都来帮忙。

运动的魔力真是无法抵挡，让人忍不住想要一次次挑战自我，感受那份独特的激情与快乐！

雪兔"跃灵"开心地挥挥手："听说赛事即将举办，我已经迫不及待想参加短道速滑比赛了！"

巴克尔拿着冰刷走过来："我们也是，我和阿力决定继续参加冰壶比赛！"

淘学企鹅惊喜地说道："太好了，有了你们的加入，比赛一定会非常精彩！"

37

短道速滑

短道速滑比赛开始了，选手们在冰面上飞驰。他们需要在保持高速度滑行的同时，做出准确的判断和决策。

在多方协助下，赛事圆满开展。

冰球比赛

在寒冷的冰面上，一场紧张刺激的冰球比赛正激烈上演。雪豹们身着统一的队服和护具，脚踏冰刀，快速穿梭在冰面上，仿佛一支支飞行的箭。

滑雪比赛

顶尖选手在优质雪地上展现速度与技巧。淘学企鹅沿雪道飞驰，不断完成各种精彩动作，拿下最高分，观众为他的精彩表现喝彩。

冰壶比赛

充满策略与技巧的冰壶比赛，正在我们眼前上演。在这片长方形的冰面上，队员们默契配合，共同编织着他们的战术篇章。

龙爷爷也来到了赛场，带着滨滨和妮妮为运动员们加油助威："大家的表现都太棒啦！希望大家能随我一起去感受冰雪运动的独特魅力。"

动物世界的冰雪运动会圆满落幕，让我们一起期待即将到来的人类冰雪运动盛会吧！

亲爱的小朋友们，大家好！我是超级可爱的龙少社形象大使——龙小猫。你们与淘学企鹅一起完成了一场奇妙无比的时光穿梭之旅，想必对冰壶有了一定的了解。接下来，就让我带领大家一起探索冰壶的小秘密吧！

1　冰壶起源于苏格兰。冬天人们会在冰冻的湖泊和池塘上进行一种类似地滚球的游戏。他们把圆形的石头磨平底部，然后在冰面上滑动这些石头，这可以看作冰壶的早期形态。这些石头就是现代冰壶的雏形，早期的冰壶比赛规则比较简单，主要是比谁的石头滑得更远或更接近某个目标。

2　1924 年，冰壶作为表演项目首次出现在法国夏慕尼举办的第一届冬季奥运会上。之后，经过多年的争取和完善，冰壶在 1998 年日本长野冬季奥运会上正式成为比赛项目。这使得冰壶运动得到了更广泛的关注，各国对冰壶项目的投入和发展也更加重视，推动了冰壶运动在全球的进一步发展。